Inhaltsverzeichnis

GERSTENSUPPE MIT BRENNNESSELN UND SPECK

4	Frühlingszwiebeln		1 l	milde Fleisch- oder Gemüsebrühe
2	Knoblauchzehen			
100 g	Südtiroler Speck am Stück		100 g	zarte Brennnessel (ersatzweise Bärlauch, Rucola oder junger Spinat)
1 EL	Butter			
100 g	Gerste (Graupen)		etwas	Salz und Pfeffer
100 g	Sahne			

Rezept für 4 Personen, Zubereitungszeit 1h 15 min., 285 kcal pro Portion

1 Brennnesseln in Stücke zupfen und mit Zwiebelgrün im Mixtopf Stufe 5 fein hacken bis eine Kräutermischung entsteht. Anschließend bei Seite stellen. 50 g Speck in feine Streifen schneiden und beiseite stellen. Den Knoblauch schälen und im Mixtopf bei Stufe 5 auf das laufende Messer geben und zerkleinern.

2 Das weiße der Frühlingszwiebel und die andere Hälfte des Specks nochmals 10 Sek./Stufe 5 zerkleinern. Anschließend Butter in den Mixtopf geben und die Zutaten 2 Min./80 °C/Stufe 2/Linkslauf andünsten. Nun die Graupen mit Hilfe des Spatels 10 Sek./Stufe 1 untermischen und mit Wasser übergießen.

3 Suppe bei 80 °C/Stufe 1/Linkslauf kochen, ca. 50-60 Min. bis die Graupen weich sind. Anschließend die vorbereitete Kräutermischung und Sahne mit in den Mixtopf geben und 2 Min./Linkslauf/Stufe 2 unterheben. Und weitere 2 Min. mit kochen. 100 °C/Stufe 1/Linkslauf. Die Suppe mit Salz und Pfeffer abschmecken und auf dem Teller mit Speckstreifen garnieren.

Paprikagemüse mit Mandeln

4	Paprikaschoten	2 EL	Rosinen
4	Tomaten	1 EL	Zucker
50 g	gehäutete Mandeln	2 EL	Essig
4 EL	Olivenöl	etwas	Salz und Pfeffer

Rezept für 4 Personen, Zubereitungszeit 25 min., 230 kcal pro Portion

1 Die Mandeln im Mixtopf aufs laufende Messer geben, 6 Sek./Stufe 5 zerkleinern, umfüllen und beiseite stellen. Die Paprikaschoten waschen und halbieren und zusammen mit den Tomaten für 10 Sek./Stufe 4 zerkleinern. Öl in einer Pfanne erhitzen. das Paprika-Tomaten-Gemisch darin gut anbraten.

2 Mandeln dazugeben und kurz mit braten. Rosinen, Zucker und Essig dazugeben und unterrühren. Das Gemüse mit Salz und Pfeffer abschmecken und zugedeckt bei mittlere Hitze etwa 10 Min. schmoren. Es schmeckt am besten lauwarm.

Kartoffeln aus dem Ofen

700 g	vorwiegend fest-kochende Kartoffeln	½ Bund	frischer Oregano
500 g	Tomaten	80 g	frisch geriebenen Peperoncino
2	Zwiebeln	4 EL	Olivenöl

Rezept für 4 Personen, Zubereitungszeit 1h 25 min., 315 kcal pro Portion

1 Die Kartoffeln schälen, waschen und je nach Größe vierteln oder achteln. Den Oregano waschen, trocken schütteln und im Mixtopf 5 Sek./Stufe 5 zerkleinern, umfüllen und beiseite stellen. Danach die Tomaten enthäuten und mit den Zwiebeln 10 Sek/Stufe 5 zerkleinern.

2 Den Backofen auf 180 °C vorheizen. Alle vorbereiteten Zutaten in eine ofenfeste Form mit dem Käse, Salz und evtl. dem zerkrümelten Peperoncino mischen. Das Olivenöl mit 1/8 Liter Wasser verrühren und darüber gießen.

3 Die Kartoffeln im Ofen (Mitte Umluft 160 °C) etwa eine Stunde backen. Falls sie zu dunkel werden, Kartoffeln mit Alufolie abdecken. Die Kartoffeln schmecken zu gegrilltem oder gebratenem Fleisch, aber auch zu Fisch.

HALBGEFRORENES MIT HASELNÜSSEN

Für das Eis:

70 g	Haselnusskerne
70 g	Zucker
3	Eier
250 g	Sahne

Für die Sauce:

50 g	Zartbitterschokolade
150 g	Sahne
2 EL	Nuss-Nougat-Creme

Rezept für 4 Personen, Zubereitungszeit 4h 30 min., 655 kcal pro Portion

1 Haselnüsse im Mixtopf 30 Sek./Stufe 6 zerkleinern. 2 EL Zucker dazu und 4 Sek./Stufe 1 unterrühren. Dann Stufe 1 bei 100 °C/Linkslauf bis der Zucker braun und geschmolzen ist. Jetzt 3 Eigelb mit dem restlichen Zucker schaumig schlagen. Die 3 Eiweiße und die Sahne getrennt voneinander schaumig schlagen. Alles zusammen in den Mixtopf und auf 30 Sek./Stufe 2/Linkslauf unterrühren. Die Masse in eine Kastenform (ca. 1l) geben und 4 Stunden ins Tiefkühlfach stellen.

2 Für die Sauce die Schokolade in Stücken mit der Sahne und der Nuss-Nougat-Creme in den Mixtopf geben und Stufe 1/Linkslauf/100 °C schmelzen lassen. Nun das Halbgefrorene aus dem Kühlfach nehmen und 15 Min. bei Zimmertemperatur stehen lassen, aus der Form stürzen, in Scheiben schneiden und mit der lauwarmen Soße servieren.

TEIGSTÜCKE IN BRÜHE

½	Zitrone		etwas	Muskatnuss, gerieben
75 g	Semmelbrösel		etwas	Zimt, gemahlen
75 g	Parmesan, gerieben		1 l	Fleischbrühe
3	Eier		etwas	gehackte Kräuter
etwas	Pfeffer und Salz			

Rezept für 4 Personen, Zubereitungszeit 20 min., 295 kcal pro Portion

1 Schale der Zitrone abreiben. Semmelbrösel, Parmesan und Eier in den Mixtopf geben und 30 Sek./ Stufe 2 verrühren und mit der Zitronenschale, Pfeffer, Salz, Muskatnuss und Zimt abschmecken.

2 In einem Topf die Fleischbrühe zum kochen bringen. Die Teigmasse in eine Spätzlepresse geben und zu kleinen „Spätzle" in die Brühe geben. Anschließend bei schwacher Hitze 2 Min. gar ziehen lassen. Die Brühe auf die Teller geben und mit den gehackten Kräutern garnieren.

Mortadella mit Lambrusco

1/4 l	Lambrusco
2 TL	Honig
etwas	Salz und Pfeffer
200 g	Mortadella am Stück
1 EL	Butter

Rezept für 4 Personen, Zubereitungszeit 20 min., 250 kcal pro Portion

1 Lambrusco und Honig in einem Topf zum kochen bringen und für 12-15 Min. dickflüssig einkochen lassen. Mit Salz und Pfeffer abschmecken.

2 Den Mortadella in den Mixtopf geben und 10 Sek./ Stufe 2 zerkleinern. Mortadella mit der Butter in einer Pfanne leicht braun anbraten.

3 Dann auf die Teller geben und die Lambrusco-Honig Soße darüber geben. Servieren.

RICOTTA MIT KARAMELLISIERTEN FEIGEN

1	Zitrone	4 EL	Zucker
250 g	Ricotta	1 Pck.	Vanillezucker
2 EL	Puderzucker	100 ml	trockener Rot- oder
8	frische Feigen		Weißwein
4 EL	Butter		

Rezept für 4 Personen, Zubereitungszeit 25 min., 340 kcal pro Portion

1 Schale der Zitrone abreiben und anschließend auspressen. Ricotta, Zitronenschale, Puderzucker und 1-2 EL Zitronensaft in den Mixtopf geben und 10 Sek./Stufe 2 verrühren. Dann aus dem Mixtopf nehmen und auf 4 Dessertschalen verteilen.

2 Die Feigen entstielen und halbieren. Butter und Zucker in einer Pfanne zerlassen, Feigen mit Schnittfläche nach unten hineingeben und bei mittlerer Hitze etwa 2 Min. braten. Dann umdrehen und nochmals 1 Min. braten.

3 Feigen mit dem Vanillezucker mischen und dann aus der Pfanne nehmen. Anschließend auf der Ricottacreme anrichten. Den Wein in die Pfanne geben und aufkochen. Den Sud über das Dessert geben.

KICHERERBSENFLADEN

250 g	Kichererbsenmehl
etwas	Olivenöl
etwas	Salz
etwas	Pfeffer

Rezept für 1 Backblech, Zubereitungszeit 4h 30 min., 155 kcal pro Portion

1 Kichererbsenmehl in den Mixtopf geben und 675 ml lauwarmes Wasser bei Stufe 2/Linkslauf zugeben. Masse verrühren bis keine Klümpchen mehr im Teig zu sehen sind. Dann 4 Std. stehen lassen. Backofen auf 250 °C vorheizen. Teig im Mixtopf Stufe 2/Linklauf durchrühren, Öl und Salz zum abschmecken unterrühren.

2 Backblech mit Öl einpinseln, Teig drauf geben (nicht höher als 1 cm) und in den Backofen geben. Nach 10 Min. mit Olivenöl beträufeln und weitere 5 Min. backen bis die Oberfläche schön gebräunt ist. Aus dem Ofen nehmen und mit Pfeffer bemahlen, in Stücke schneiden und warm servieren.

Torte mit Zwiebeln

250 g	Mehl		300 g	Frischkäse
50 ml	Olivenöl		100 g	saure Sahne
etwas	Salz und Pfeffer		4 EL	Olivenöl zum braten
250 g	Zwiebeln			

Rezept für 1 Tortenform, Zubereitungszeit 85 min., 325 kcal pro Portion

1 Mehl, Olivenöl, Salz und 85 ml lauwarmes Wasser in den Mixtopf geben und 2-3 Min/Teigstufe zu einem Teig rühren. Anschließend in ein Tuch wickeln und 30 Min. bei Zimmertemperatur ruhen lassen. Backofen auf 220 °C vorheizen.

2 Zwiebeln schälen und im Mixtopf 10 Sek./Stufe 5 zerkleinern. 2 EL Öl zugeben und im Mixtopf Stufe 2/ Linkslauf/100 °C ca. 5 Min. dünsten. Frischkäse und Sahne zugeben und Stufe 2/ Linkslauf/ 15 Sek. unterrühren. Salzen und Pfeffern.

3 Die Tortenform mit Öl bepinseln. Teig halbieren und eine Hälfte in die Form geben, dann mit Frischkäsemasse bestreichen. Die andere Hälfte darauf, mit Olivenöl einstreichen und im Ofen bei 200 °C für 20-25 Min. backen bis die Oberfläche schön braun ist. Warm oder Lauwarm servieren.

OLIVENÖLKUCHEN

1	Zitrone	350 ml	Olivenöl
500 g	Mehl	2 EL	Rum
½ Pck.	Backpulver	etwas	Öl für die Form
100 g	Zucker		
1 Pck.	Vanillezucker		
etwas	Salz		

Rezept für 16 Stücke, Zubereitungszeit 45 min., 274 kcal pro Portion

1 Backofen auf 180 °C vorheizen. Backform (rund) mit Öl einpinseln. Die Schale von der Zitrone abreiben. Mehl, Backpulver, 80 g Zucker, Vanillezucker und 1 Prise Salz in den Mixtopf geben und Stufe 2/Linkslauf mischen. 300 ml Öl, Zitronenschale und Rum dazu und Stufe 3/Linkslauf zu Streuseln verarbeiten.

2 Die Streusel in die Form geben und mit den Fingern so weit andrücken, das die Streusel zusammen halten. Den übrigen Zucker darüber streuen. Kuchen in den Backofen geben und bei 160 °C ca. 35 Min. backen, bis er leicht braun ist. Mit dem übrigen Öl beträufeln, abkühlen lassen, aus der Form lösen und in Stücke brechen.

Brotscheiben mit Schinken und Feigen

2 Stängel	Petersilie	etwas	Salz und Pfeffer
½	Bio-Zitrone	8 Scheiben	Tramezzini- oder
100 g	Mascarpone		Sandwichbrot
½ TL	flüssiger Honig	100 g	dünne Scheiben
4-6	reife Feigen (je nach		San-Daniele-Schinken
	Größe)		

Rezept für 4 Personen, Zubereitungszeit 15 min., 320 kcal pro Portion

1 Petersilie zupfen und in den Mixtopf geben. Ein dünnes Stück Schale der Zitrone zugeben und alles 15 Sek./Stufe 5 zerkleinern. Die übrige Zitrone auspressen und den Saft auffangen. Nun die Mascarpone, 1 EL Zitronensaft und Honig zugeben und 30 Sek./Stufe 3 unterrühren.

2 Anschließend mit Salz und Pfeffer abschmecken. Jetzt die Feigen waschen, entstielen in dünne Scheiben schneiden und mit 2 EL Zitronensaft beträufeln. Nun die Brotscheiben mit der Creme bestreichen und mit Schinken und den Feigenscheiben belegen. Bald servieren.

BROTSCHEIBEN MIT RICOTTA UND MELONE

50 g	geröstete Walnusskerne	200 g	frischer Ricotta
2	Knoblauchzehen	etwas	Salz und Pfeffer
	(in Stücken)	1 Bund	Rucola (klein)
1	Frühlingszwiebel	1 Stk.	Honigmelone (ca. 200g)
	(in Stücken)	8 Scheiben	Tramezzini- oder
1 EL	Kapern		Sandwichbrot

Rezept für 4 Personen, Zubereitungszeit 20 min., 345 kcal pro Portion

1 Knoblauch, Frühlingszwiebel, Walnusskerne und Kapern in den Mixtopf geben und 15 Sek./ Stufe 5 zerkleinern. Ricotta zugeben und mit Salz und Pfeffer abschmecken. Rucola waschen und die Melone schälen, entkernen und in Streifen schneiden.

2 Nun die Brotscheiben mit der Ricottacreme bestreichen und anschließend mit Rucola und Melone belegen. Bald servieren.

BROTSCHEIBEN MIT GARNELEN

100 g	junger Zucchino	100 g	Mayonnaise
etwas	Salz	etwas	Chilipulver
1	Tomate	4	Salatblätter
½ Bund	Basilikum	8 Scheiben	Tramezzini- oder
250 g	gegarte, geschälte		Sandwichbrot
	Garnelen		

Rezept für 4 Personen, Zubereitungszeit 20 min., 285 kcal pro Portion

1 Zucchini waschen, putzen und mittelgrob raspeln, mit Salz mischen und kurz stehen lassen, bis sich Saft bildet. Tomaten halbieren und entkernen. Tomaten und Garnelen würfeln. Basilikum in Streifen schneiden.

2 Die Flüssigkeit der Zucchini abgießen und zusammen mit den Tomaten, Garnelen, Basilikum und Mayonnaise in den Mixtopf geben und 30 Sek./ Stufe 3/ Linkslauf mischen.

3 Anschließend mit Salz und Chilipulver abschmecken. Brotscheiben mit der Garnelencreme bestreichen und anschließend nach Geschmack mit Salat garnieren. Bald servieren.

TOPFENKNÖDEL IN KRÄUTERSOSSE

Für die Knödel:

500 g	Topfen
4	Eigelb
100 g	Mehl
50 g	frisch geriebener Hart-käse (z.B. Parmesan)
etwas	Salz und Pfeffer

Für die Soße:

1 Bund	gemischte Kräuter
1	Zwiebel
60 g	kalte Butter
1/8 l	trockener Weißwein
150 g	Sahne
etwas	Salz und Pfeffer
2 TL	Zitronensaft

Rezept für 4 Personen, Zubereitungszeit 60 min., 655 kcal pro Portion

1 Die Topfen in ein Tuch geben und die Flüssigkeit ablaufen lassen. Topfen, Eigelb, Mehl, Käse, Salz und Pfeffer in den Mixtopf geben und 30 Sek./ Stufe 5/Linkslauf verrühren. Die Masse anschließend 30 Min. ruhen lassen. Aus dem Teig kleine Nocken (Knödel) formen.

2 Anschließend in einem Topf mit Salzwasser kochen und dann im leicht sieden-den Wasser etwa 10 Min. gar ziehen lassen. Nun die Kräuter im Mixtopf 15 Sek./Stufe 5 zerkleinern. Zwiebel in Stücken dazu und wei-tere 15 Sek./Stufe 5 zerkleinern.

3 Nun ein EL Butter dazu und die Zwiebel und Kräuter bei 100 °C/ Stufe 1/Links-lauf andünsten. Wein und Sahne dazugeben und bei 80 °C/5 Min./ Stufe 1 köcheln lassen. Die Soße im Mixtopf 1 Min./Stufe 9 pürieren und die übrige Butter dazugeben und 20 Sek./Stufe 5/Links-lauf unterrühren. Mit Salz, Pfeffer und Zitro-nensaft abschmecken. Knödel auf den Teller geben und die Soße drüber geben. Sofort servieren.

Schokoladenplätzchen

300 g	Mandeln	1	Backpapier fürs Blech
150 g	Zartbitterschokolade		
	in Stücken		
100 g	ungesüßtes Kakaopulver		
150 g	Zucker		
1 TL	gemahlener Zimt		
etwas	gemahlene Gewürznelken		
1/8 l	kalter Espresso		

Rezept für 60 Stück, Zubereitungszeit 85 min., 60 kcal pro Stück

1 Mandeln und Schokoladenstückchen in den Mixtopf geben und 10 Sek./Stufe 5 zerkleinern. Kakao, Zucker, Zimt und 1 Prise Gewürznelken dazugeben und auf 10 Sek./Stufe 1/Linkslauf unterrühren. Espresso drüber geben und im Mixtopf 1 Min./Teigstufe zu einem glatten Teig rühren.

2 Backofen auf 160 °C vorheizen und Backblech mit Backpapier auslegen. Vom Teig mit zwei Teelöffeln walnussgroße Stücke abnehmen und zu kleinen Fladen formen. Dann auf das Backblech geben. Die Schokoladenplätzchen im Ofen (Mitte) pro Blech etwa 15 Min. backen. Plätzchen jeweils vom Blech heben und abkühlen lassen.

OSTERKUCHEN

Für den Teig:

250 g	Mehl
150 g	kalte Butter, kleine Stücke
100 ml	trockener Weißwein
½ TL	gemahlener Zimt
4 Pck.	Vanillezucker
etwas	Salz

Für die Füllung:

500 g	Ricotta
3	Eier
etwas	gemahlener Zimt
1 Pck.	Vanillezucker
80 g	Zucker

Rezept für 1 Tortenform, Zubereitungszeit 90 min., 305 kcal pro Portion

1 Für den Teig alle Zutaten in den Mixtopf geben und zu einem glatten Teig verrühren. 2 Min./Teigstufe. Den Teig zu einer Kugel formen und etwa 30 Min. kühl stellen.

2 Für die Füllung den Ricotta, Eier, Zimt, Vanillezucker und Zucker in den Mixtopf geben und 1 Min./Stufe 3 zu einer gleichmäßigen Masser verrühren. Backofen auf 160 °C vorheizen.

3 Den Teig halbieren und Frischhaltefolie rund ausrollen. Eine Tortenform mit einem Teigfladen auskleiden. Die Füllung darauf verteilen. Bei 160 °C etwa 50 Min. backen. Auskühlen lassen.

SCHARFE ZWIEBELN

500 g	kleine Zwiebeln
2	frische Peperoncini
6 EL	Olivenöl
etwas	Salz

Rezept für 4 Personen, Zubereitungszeit 20 min., 170 kcal pro Portion

1 Die Zwiebeln schälen, halbieren und in Streifen schneiden. Peperoncini waschen und im Mixtopf für 20 Sek./Stufe 5 zerkleinern.

2 Öl in einer großen Pfanne erhitzen. Die Zwiebelstreifen darin weich und leicht braun anbraten. Peperoncini untermischen und noch kurz weiterbraten. Die Zwiebeln mit Salz abschmecken und servieren.

WEISSWEINSUPPE MIT ZIMT-BROTWÜRFELN

4	Scheiben Toastbrot	200 ml	aromatischer Weißwein
2 EL	Butter		(z.B. Sauvignon)
etwas	Salz und Pfeffer	150 ml	Sahne
¼ TL	Zimt	½ Bund	Schnittlauch oder
700 ml	Fleisch- oder Gemüse-	etwas	Bärlauch
	brühe		
3	Eigelb		

Rezept für 4 Personen, Zubereitungszeit 20 min., 295 kcal pro Portion

1 Brot von der Rinde befreien und in Würfel geschnitten in einer Pfanne mit der Butter knusprig braten und mit Salz, Pfeffer und Zimt würzen und beiseite stellen. Die Brühe mit dem Wein 5 Min./100 °C/Stufe 1 aufkochen.

2 Die Sahne mit den Eigelben verrühren und langsam in die Deckelöffnung eingießen, dabei den Thermomix 5 Min./50 °C/Stufe 1 weiter rühren lassen, bis Suppe leicht sämig wird.

3 Anschließend mit Salz abschmecken, auf die Teller verteilen und mit Schnittlauch oder Bärlauch garnieren.

NUDELN MIT TOMATEN UND MOZZARELLA

400 g	Rigatoni		1	Kugel Büffelmozzarella
etwas	Salz			(ca. 250 g)
400 g	Tomaten		4 EL	Olivenöl
1	großes Bund Basilikum,		1 EL	Kapern oder Oliven
	abgezupfte Blätter		etwas	Pfeffer

Rezept für 4 Personen, Zubereitungszeit 15 min., 610 kcal pro Portion

1 Nudeln in Salzwasser kochen. Inzwischen Tomaten waschen und häuten. Tomate, Basilikumblättchen und Mozzarella in den Mixtopf geben und 10 Sek./Stufe 4 in Stücke zerkleinern.

2 Kurz bevor die Nudeln gar sind, Öl in Pfanne erhitzen und Tomaten-Mozzarella Mischung darin schwenken. Oliven oder Kapern untermischen und mit Salz und Pfeffer abschmecken. Nudeln zugeben und zugedeckt noch mal 1-2 Min. ziehen lassen.

AUBERGINE MIT MINZE

650 g	Aubergine	1	großes Bund frische
etwas	Salz		Minze
50 g	Semmelbrösel	etwas	schwarzer Pfeffer
12 EL	Olivenöl	4 EL	Essig
4	Knoblauchzehen		

Rezept für 4 Personen, Zubereitungszeit 4h 45min., 340 kcal pro Portion

1 Aubergine waschen, putzen und der Länge nach in dünne Scheiben schneiden. Scheiben mit Salz bestreuen und etwas ziehen lassen. Inzwischen Semmelbrösel in 2 EL Öl knusprig braten und aus der Pfanne nehmen. Minze waschen und Blättchen abzupfen. Minze und geschälter Knoblauch in den Mixtopf geben und 3 Sek./Stufe 8 zerkleinern.

2 Die Auberginenscheiben mit Küchenpapier gut trocknen und im restlichen Öl in der Pfanne von beiden Seiten braun braten. Danach pfeffern. Eine Lage Auberginenscheiben in eine Form füllen und mit Semmelbröseln und Minze-Knoblauch Gemisch bestreuen und mit etwas Essig beträufeln. Danach wieder eine Lage Auberginenscheiben in die Form und alles wiederholen. Das ganze muss 4 Stunden ziehen.

Zitronenlikör

8	größere Bio-Zitronen
700 ml	Doppelkorn (38%)
200 ml	Alkohol (70%, aus der Apotheke)
900 g	Zucker

Rezept für 1 Flasche, Zubereitungszeit 1h, Ruhezeit: 1 Woche + 2 Tage

1 Die Zitronen heiß abwaschen und abtrocknen. Die Schale dünn abschneiden. Dabei nur die gelbe, nichts von der weißen Schale abschneiden, diese schmeckt bitter. Zitronenschalen mit dem Doppelkorn und dem Alkohol mischen. Alles zugedeckt 1 Woche durchziehen lassen.

2 Nach der Woche 900 ml Wasser mit dem Zucker in den Mixtopf geben und 3 Min./100 °C/Linkslauf kochen.

3 Zitronenschalen aus dem Alkohol fischen und in den Sirup geben. Das ganze 1-2 Tage ziehen lassen. Den Alkohol gut verschlossen aufbewahren. Danach die Schalen entfernen. Alkohol und Sirup in den Mixtopf geben und 2 Min/ Linklauf mischen. Den Likör in Flaschen füllen, kühl und gut verschlossen lagern.

ORANGENSALAT

4	große Orangen	4 EL	Olivenöl
1	milde Zwiebel		
½	Bund Petersilie		
2 EL	grüne Oliven		
etwas	Salz und Pfeffer		

Rezept für 4 Personen, Zubereitungszeit 15 min., 150 kcal pro Portion

1 Die Orangen schälen und in Scheiben in den Mixtopf geben 5 Sek./Stufe 2 in Stücke zerkleinern. Die Stücken auf die Teller geben.

2 Zwiebel schälen, halbieren und im Mixtopf 5 Sek./Stufe 5 zerkleinern. Petersilie waschen und im Mixtopf für 3 Sek./Stufe 8 zerkleinern.

3 Zwiebeln, Oliven, Petersile mit Hilfe des Spatels im Mixtopf verrühren und anschließend auf die Orangen geben. Salz und Pfeffer drüber und das Öl darüberträufeln.

MARINIERTE OLIVEN

200 g	grüne Oliven, entsteint	1 EL	Kapern
1 Stange	Staudensellerie	1 EL	Essig
1	Peperoncino, getrocknet	4 EL	Olivenöl
2	Knoblauchzehen	etwas	Salz
½	Bund Minze		

Rezept für 4 Personen, Zubereitungszeit 4h 20 min., 155 kcal pro Portion

1 Sellerie waschen und mit Peperoncino, Knoblauch (geschält), Minze (die Blätter) und Kapern in den Mixtopf geben und 3 Sek./Stufe 8 zerkleinern.

2 Die Oliven leicht zerdrücken (mit einem Fleischklopfer) und unter die Selleriemischung geben. Essig und Olivenöl 1 Min./Stufe 3/Linkslauf cremig schlagen und unter die Olivenmischung rühren. Oliven darin 4 h marinieren.

ZUCCHINI MIT SELLERIE

600 g	junge Zucchini	50 ml	trockener Weißwein
2	zarte Stangen Stauden-sellerie	2 TL	kleine Kapern
1	Bio-Zitrone		
½	Bund Petersilie		
4	Sardellenfilets in Öl		
etwas	Salz und Pfeffer		
6 EL	Olivenöl		

Rezept für 4 Personen, Zubereitungszeit 4h 40 min., 130 kcal pro Portion

1 Zucchini waschen, putzen und in dünne Scheiben schneiden. Sellerie waschen, putzen, die zarten Blättchen abzupfen. Selleriestange im Mixtopf 5 Sek./Stufe 3 in zerkleinern. Die Zitronen heiß waschen, Schale dünn abschälen und im Mixtopf Stufe 8/10 Sek. fein hacken. Zitrone auspressen.

2 Petersilie waschen und mit dem Selleriegrün im Mixtopf 15 Sek./Stufe 5 fein hacken. Sardellen zerdrücken und mit Zitronensaft und - schale, Salz, Pfeffer und 3 EL Öl im Mixtopf auf Stufe 2/30 Sek./Linkslauf vermischen. Restliches Öl erhitzen.

3 Zucchini von beiden Seiten goldbraun braten, salzen, pfeffern, in eine Form geben. Bratfond mit Wein ablöschen, über die Zucchini gießen. Sellerie und Kapern darüber streuen und mit der Marinade beträufeln. Zugedeckt mindestens 4 Stunden ziehen lassen.

GRATINIERTE TOMATEN

8	Tomaten	60 g	Semmelbrösel
etwas	Salz, Pfeffer	50 g	frisch geriebener
2 EL	Kapern		Peperoncino
2	Sardellenfilets in Öl	1 TL	getrockneter Oregano
50 g	schwarze Oliven	1 kleiner	getrockneter Peperon-
	(entsteint)		cino
2 EL	Pinienkerne	6 EL	Olivenöl
1 EL	Rosinen		

Rezept für 4 Personen, Zubereitungszeit 40 min., 295 kcal pro Portion

1 Tomaten waschen und quer durchschneiden. Die Tomaten nebeneinander mit der Schnittfläche nach oben in eine ofenfeste Form legen, salzen und pfeffern. Backofen auf 200 °C vorheizen. Kapern und Sardellen abtropfen lassen.

2 Kapern, Sardellen, Oliven, Pinienkerne und Rosinen im Mixtopf 10 Sek./ Stufe 8 fein hacken. Anschließend Semmelbrösel und Peperoncino dazu und 1 Min./ Stufe 2/Linkslauf unterrühren.

3 Mit Oregano und zerkrümeltem Peperoncino abschmecken. Zum Schluss Olivenöl unterrühren und die Masse auf den Tomaten verteilen. Diese anschließend im Ofen bei 180 °C für 20 bis 25 Min. backen, bis die Oberfläche gebräunt ist.

SPARGEL-KÄSE-OMELETT

250 g	grüner Spargel	3 EL	Butter
etwas	Salz		
150 g	Asiago		
6	Eier (Größe L)		
etwas	Pfeffer		

Rezept für 4 Personen, Zubereitungszeit 40 min., 370 kcal pro Portion

1 Spargel waschen. Enden und Spitzen abschneiden. Spargel in etwa 1 cm lange Stücke schneiden und 3 Min. in kochendem Salzwasser vorgaren. Dann kalt abschrecken und abtropfen lassen. Asiago von Rinde befreien und im Mixtopf 5 Sek./ Stufe 5 zerkleinern.

2 Eier trennen. Eiweiße im Mixtopf, Rühraufsatz einsetzen und ca. 3 Min./Stufe 4 zu Schnee schlagen. Aus dem Mixtopf nehmen. Eigelbe in den Mixtopf und 1 Min./ Stufe 4 rühren und anschließend Spargel, Pfeffer, wenig Salz und den Käse auf Stufe 2/ 30 Sek./Linkslauf untermischen.

3 Zum Schluss den Eischnee mit Hilfe des Spatels unterheben. In einer Pfanne Butter zerlassen und die Eiermasse hinein gießen und 10 - 15 Min. garen, bis die Oberfläche beginnt fest zu werden. Frittata umdrehen und auch die andere Seite bräunen. Fertig! Servieren sie Frittata mit Brot.

Nudeln mit roher Tomatensosse

800 g	Tomaten	4 EL	Olivenöl
1 Bund	Basilikum	etwas	Salz
2	Knoblauchzehen (geschält)	500 g	Spaghetti
2	getrocknete Peperoncini	etwas	frisch geriebener Pecorino

Rezept für 4 Personen, Zubereitungszeit 4h 25 min., 595 kcal pro Portion

1 Stielansatz aus den Tomaten entfernen und mit kochendem Wasser überbrühen, kurz darin ziehen lassen, kalt abschrecken und häuten. Tomaten quer halbieren und Kerne entfernen. Das Tomatenfleisch im Mixtopf 5 Sek./Stufe 2 zerkleinern.

2 Basilikum abzupfen und die Blätter mit Knoblauch und dem getrocknete Peperoncini (zerkrümelt) in den Mixtopf geben und 10 Sek./Stufe 5 zerkleinern. Öl zugeben, salzen und nochmals 15 Sek./Stufe 2/Linkslauf untermengen. Danach 4 Stunden kühl durchziehen lassen. Die Nudeln al dente kochen und mit der kalten Soße servieren.

REIS MIT MARONEN

250 g	Risottoreis	1 EL	Tomatenmark
3/4 l	Brühe + 1/8 l Brühe oder Wasser	etwas	Salz, Pfeffer
1	größere Zwiebel	6	Sardellenfilets in Öl
6 EL	Olivenöl		
1 Pck.	gegarte Maronen (250 g)		

Rezept für 4 Personen, Zubereitungszeit 25 min., 535 kcal pro Portion

1 Reis in 3/4 l Brühe zum kochen bringen und bei schwacher Hitze zugedeckt 20 Min. körnig ausquellen lassen. Geschälte Zwiebel im Mixtopf 3 Sek./Stufe 5 zerkleinern. Anschließend in einer Pfanne glasig braten.

2 Maronen je nach Größe halbieren und zur Zwiebel zugeben und 1/8 l Brühe oder Wasser dazugießen. Würzen mit Tomatenmark, Salz und Pfeffer und zugedeckt bei schwacher Hitze 10-15 Min. schmoren.

3 Reis mit Maronen mischen. Das übrige Öl erhitzen, Sardellenfilets darin braten und zerdrücken. Sardellenöl über der Reismischung verteilen, mit reichlich Pfeffer übermahlen und servieren.

Kastaniennudeln mit Bresaola und Rucola

400 g	Pappardelle aus Kastanienmehl (ersatzweise Bandnudeln)		100 g	Bresaola in dünne Scheiben
etwas	Salz		2 EL	Butter
1	Bund Rucola		150 g	Sahne
1	Zwiebel		2 -4 TL	Zitronensaft
			etwas	Pfeffer

Rezept für 4 Personen, Zubereitungszeit 20 min., 625 kcal pro Portion

1 Nudeln nach Packungsanleitung kochen. In der Zwischenzeit den Ruccola im Mixtopf 10 Sek./ Stufe 5 fein hacken. Aus dem Mixtopf nehmen. Zwiebel schälen und in den Mixtopf geben und 5 Sek./ Stufe 5 zerkleinern. Butter zu den Zwiebeln in den Mixtopf geben und bei 100 °C/ Stufe 1/Linkslauf glasig braten.

2 Rucola und Bresaol in dicke Streifen dazugeben und mit dünsten. Anschließend die Sahne dazu und aufkochen lassen. Mit Zitronensaft und Pfeffer abschmecken. Nudeln abgießen und mit der Soße mischen und auf die Teller verteilen.

BRESAOLA MIT PILZEN

200 g	ganze, frische Pilze (nach Geschmack)	½	Bund Rucola
½	Zitrone	150 g	Bresaola in sehr dünne Scheiben
4 EL	Olivenöl	40 g	Parmesan am Stück
etwas	Salz und Pfeffer		

Rezept für 4 Personen, Zubereitungszeit 25 min., 280 kcal pro Portion

1 Pilze waschen, putzen und in den Mixtopf geben und auf 15 Sek./Stufe 3 zerkleinern. Aus dem Mixtopf nehmen. Zitrone heiß abwaschen und die Schale dünn abschneiden und in feine Streifen teilen. Zitrone auspressen.

2 Zitronensaft, Zitronenschale, Olivenöl in den Mixtopf geben und 10 Sek./Stufe 3/Linkslauf mischen. Anschließend mit Salz und Pfeffer abschmecken.

3 Pilze in den Mixtopf geben und auf 30 Sek./Stufe 1/Linkslauf unterheben, danach 15 Min. ziehen lassen. Rucola auf Teller verteilen, dann die Bresaola und Pilze darauf verteilen und Käse in Spänen darüber hobeln. Mit Brot servieren.

HEISSE SPECKBOHNEN

1	Zweig Thymian	75 g	Lardo d'Arnad am Stück
1	Zweig Rosmarien	8	dünne Scheiben
2	Salbeiblättchen		Walnussbrot
½ TL	schwarze Pfefferkörner	8	dünne Scheiben Fontina
1	Wacholderbeere		

Rezept für 4 Personen, Zubereitungszeit 20 min., 205 kcal pro Portion

1 Backofen auf 200 °C vorheizen. Thymian und Rosmarien abzupfen und mit den Pfefferkörnern und der Wacholderbeere in den Mixtopf geben. Den Lardo, falls nötig, von der Schwarte befreien und mit in den Mixtopf geben und 10 Sek./ Stufe 5 zerkleinern.

2 Die Masse auf die Brotscheiben streichen. Die Fontina entrinden und oben drauf legen. Dann im Backofen (Mitte) etwa 6 Min. backen, bis der Käse zerlaufen ist.

RINDFLEISCHRÖLLCHEN MIT APFELFÜLLUNG

½ TL	Fenchelsamen	100 g	Mocetta in dünnen Scheiben
1 Stk.	Bio-Zitronenschale		
1	kleiner säuerlicher Apfel, gewürfelt	1 EL	Walnusskerne
		1½ EL	Zitronensaft
100 g	Fontina, entrindet, gewürfelt	1½ EL	Walnussöl
		1 TL	heller Honig
etwas	Pfeffer		

Rezept für 4 Personen, Zubereitungszeit 30 min., 170 kcal pro Portion

1 Fenchelsamen in einer Pfanne anrösten. Anschließend in den Mixtopf geben und 20 Sek./Stufe 5 zerkleinern. Zitronenschale dazu und 15 Sek./Stufe 2 untermischen. Apfel und Käse mit in den Mixtopf und 15 Sek./Stufe 2/Linkslauf verrühren und mit Pfeffer abschmecken. Mocetta auf Arbeitsplatte ausbreiten und die Fenchel-Apfel-Mischung darauf verteilen.

2 Anschließend einrollen. Walnüsse im Mixtopf 20 Sek./Stufe 5 zerkleinern und damit die Teller garnieren. Nun Zitronensaft, Walnussöl und Honig im Mixtopf 10 Sek./Stufe 1 verrühren und damit die Röllchen beträufeln. Mit leckerem Brot servieren.

Nudeln in Auberginensauce

1	Aubergine (ca.300 g)	150 g	Ricotta salata
etwas	Salz		(fester Ricotta)
600 g	Tomaten	400 g	Bucatini (oder andere
2	Knoblauchzehen		Nudeln)
7 EL	Olivenöl		
etwas	Pfeffer		
etwas	Zucker		

Rezept für 4 Personen, Zubereitungszeit 35 min., 630 kcal pro Portion

1 Nudeln im Salz-wasser kochen. Aubergine waschen und im Mixtopf 15 Sek./ Stufe 4 zerkleinern. Aus dem Mixtopf nehmen und mit Salz bestreuen und 15 Min. ziehen las-sen. Tomaten mit ko-chendem Wasser überbrühen, kurz darin ziehen lassen und kalt abschrecken, die Haut abziehen und die Toma-ten im Mixtopf 15 Sek./ Stufe 2 würfeln. Aus dem Mixtopf nehmen. Knoblauch schälen und im Mixtopf 10 Sek./ Stufe 5 zerkleinern.

2 In einem Topf 1 EL Öl erhitzen und Knoblauch darin andünsten. Tomaten dazu und offen bei mitt-lerer Hitze 15 Min. leicht kochen lassen. Danach in den Mixtopf geben und auf Stufe 6/3 Min. pürieren und mit Salz, Pfeffer und 1 Prise Zu-cker abschmecken.

3 Nun die Aubergi-nenwürfel in der Pfanne mit dem restli-chen Öl gut anbraten. Tomatensauce dazu 15 Min./100 °C/Links-lauf/Stufe 1 köcheln las-sen. Ricotta zerkrümeln und unter die Auberginen-nen rühren. Die gekoch-ten Nudel mit der Soße mischen und servieren.

Scharfer Käse mit Olivenöl

4 kleine	Tomini oder	6	Knoblauchzehen
	anderer Käse	2	Chilischoten, rot
2	Salbeiblättchen	1	Tomate
1 Zweig	Thymian	2 EL	Weißweinessig
1 Zweig	Rosmarien	5 EL	Olivenöl

Rezept für 4 Personen, Zubereitungszeit 15 min., 235 kcal pro Portion

1 Die Tomini auf einen Teller legen. Die Kräuter in den Mixtopf geben und auf 5 Sek./Stufe 8 fein hacken. Den Knoblauch und Chilischote dazu und weiter 5 Sek./ Stufe 5 zerkleinern.

2 Die Tomaten halbieren, das Fruchtfleisch auf einer Rohkostreibe von der Schale abreiben. Das Fruchtfleisch mit in den Mixtopf geben und alles Stufe 2/Linkslauf/ 30 Sek. vermengen. Dann über den Käse geben und servieren.

KLEINER KÄSE MIT GRÜNER MARINADE

4	Stängel Petersilie	4 kleine	Tomini oder anderen
1 TL	Kapern in Salz		Käse
1	Sardellenfilet in Öl		
1 Stk.	Zitronenschale		
3 EL	Olivenöl		

Rezept für 4 Personen, Zubereitungszeit 5 min., 180 kcal pro Portion

1 Petersilie, Kapern, Sardellenfilet und Zitronenschale in den Mixtopf geben und auf 10 Sek./Stufe 5 fein hacken. Zum Schluss Öl dazugeben und 20 Sek./Linkslauf/Stufe 2 unterrühren.

2 Den Käse auf eine Platte legen und die Masse aus dem Mixtopf darüber verteilen. Dann servieren. Dazu passt Weißbrot oder Grissini.

KÄSECREME

½ Bund	Petersilie	2 EL	Olivenöl
2	Knoblauchzehen	2 EL	Milch
1	getrockneter Peperon-cino	etwas	Salz
150 g	junge Robiola		

Rezept für 4 Personen, Zubereitungszeit 10 min., 175 kcal pro Portion

1 Petersilie waschen und Blätt-chen abzupfen. Dann in den Mixtopf geben. Knoblauch und Pe-peroncino dazugeben und 1 Min./Stufe 4 klein hacken.

2 Den Robiola mit einer Gabel zerdrücken und mit dem Öl in den Mixtopf geben Stufe 2/Links-lauf/30 Sek. verrühren. Wenn die Creme zu fest ist 2 EL Milch unterrüh-ren. Mit Salz abschmecken und ser-vieren.

SALAT AUS RUCOLA, MOZZARELLA UND KLEINEN GARNELEN

200 g	geschälte gegarte Garnelen	etwas	Salz und Pfeffer
1 Stange	Staudensellerie	1 Bund	Petersilie
3 EL	Zitronensaft	200 g	Büffelmozzarelle
8 EL	Olivenöl	2 Bund	Rucola

Rezept für 4 Personen, Zubereitungszeit 20 min., 370 kcal pro Portion

1 Garnelen abtropfen lassen. Sellerie waschen und im Mixtopf Stufe 5/15 Sek. in kleine Stücke zerkleinern. Garnelen, 1 EL Zitronensaft und 2 EL ÖL dazu und auf Stufe 2/ Linkslauf/1 Min. mit dem Sellerie vermischen und mit Salz und Pfeffer abschmecken. Aus dem Mixtopf nehmen und ziehen lassen. Nun die Petersilie im Mixtopf 10 Sek./Stufe 8 zerkleinern.

2 Den übrigen Zitronensaft, 6 EL Öl und 2EL Wasser dazugeben und auf 15 Sek./Stufe 10 pürieren und mit Salz und Pfeffer abschmecken.Rucola waschen und auf die Teller verteilen, den Mozzarella in Stücke schneiden und mit den Garnelen darauf verteilen. Sauce darüber träufeln und sofort servieren.

Mozzarella mit Oliven

250 g	Büffelmozzarella	½ TL	getrockneter Oregano
½ Bund	Basilikum	4 EL	Olivenöl
150 g	Oliven (entsteint)		

Rezept für 4 Personen, Zubereitungszeit 15 min., 270 kcal pro Portion

1 Mozzarella abtropfen lassen und in dünne Scheiben schneiden, dann auf die Teller verteilen.

2 Basilikumblättchen und Oliven in den Mixtopf geben und auf 3 Sek./Stufe 8 zerkleinern.

3 Anschließend Oregano und Öl dazu und mit Hilfe des Spatels unterrühren.

Brotsuppe mit Pecorino und Minze

200 g	Weißbrot in dünne Scheiben	1 TL	Pfefferkörner
1 Bund	Minze	1	getrockneter Peperoncino
2	Knoblauchzehen	1 TL	mittelgrobes Salz
2	Grün von der Fenchelknolle	250 g	junger Pecorino
1 Stk.	Zitronenschale	1¼ l	heiße Fleischbrühe
2 TL	Fenchelsamen	2 EL	Olivenöl

Rezept für 4 Personen, Zubereitungszeit 35 min., 565 kcal pro Portion

1 Backofen auf 200 °C vorheizen. Minze waschen und Blätter abzupfen. Knoblauch, Minze, Fenchelgrün und Zitronenschale in den Mixtopf geben und 15 Sek./Stufe 5 fein hacken.

2 Fenchelsamen, Pfefferkörner, Peperoncino und Salz mit einem Mörser fein mahlen. Dann mit in den Mixtopf geben. Pecorino entrinden und in dünne Scheiben schneiden.

3 Brot und Käse lagenweise in eine ofenfeste Form schichten. Jede Schicht mit der Masse aus dem Mixtopf bestreuen. Die Brühe seitlich angießen. Olivenöl obenauf träufeln. Dann 15-20 Min. backen.

Frühlingszwiebeln in Tomatensosse

3 Bund	Frühlingszwiebeln
1 Zweig	Salbei
2 Zweige	Oregano
400 g	Tomaten
2 EL	Olivenöl
1/8 l	Fleisch- oder Gemüsebrühe
etwas	Salz und Pfeffer

Rezept für 4 Personen, Zubereitungszeit 50 min., 70 kcal pro Portion

1 Frühlingszwiebeln im Mixtopf 30 Sek./Stufe 1 zerkleinern. Anschließend beiseite stellen. Salbei und Oregano waschen und im Mixtopf 10 Sek./Stufe 5 fein hacken.

2 Tomaten überbrühen, häuten und in kleine Würfel schneiden. Pfanne mit Öl erhitzen und Kräuter hinein geben. Tomaten dazu und mit Brühe aufgießen.

3 Salz und Pfeffer dazu und 10 Min. garen. Zwiebeln untermischen und noch einmal 15-20 Min. schmoren. Abschmecken und dann servieren.

CROSTINI MIT BOHNENCREME UND SARDELLEN

10	Sardellenfilets in Öl	200 g	gegarte weiße Bohnen oder grüne Erbsen
1	frischer roter Peperoncino	1 EL	grüne entsteinte Oliven
½ Bund	Petersilie	etwas	Salz und Pfeffer
2 TL	Zitronensaft	8-12	Scheiben Weißbrot
4 EL	Olivenöl		
1 EL	grüne entsteinte Oliven		

Rezept für 4 Personen, Zubereitungszeit 20 min., 280 kcal pro Portion

1 Sardellenfilets abtropfen lassen, Peperoncino und Petersilie waschen. Alles zusammen in den Mixtopf geben und 15 Sek./Stufe 5 fein hacken. Zitronensaft und 1 EL Öl dazu und 30 Sek./Linkslauf/Stufe 1 mischen. Aus dem Mixtopf nehmen.

2 Bohnen abtropfen lassen und mit Oliven, restlichem Olivenöl und 1-2 EL Wasser im Mixtopf 2 Min./ Stufe 6 pürieren. Salzen und Pfeffern. Brotscheiben toasten, anschließend die Bohnencreme darauf streichen, Sardellenmischung darüber und servieren.

CROSTINI MIT MARINIERTER ZUCCHINI

2	junge Zucchinis (200 g)	1 ½ EL	Zitronensaft
10	Stängel Basilikum	etwas	Salz und Pfeffer
1 Stk.	frischer roter Peperon-cino	4 EL	Olivenöl
		8-12	Scheiben Weißbrot

Rezept für 4 Pers., Zubereitungszeit 1-2h 15 min., 230 kcal pro Portion

1 Zucchinis in feine Streifen schneiden. Basilikumblättchen zupfen. Peperoncino im Mixtopf 10 Sek./Stufe 5 fein hacken. Zitronensaft, Basilikum, Salz, Pfeffer und Olivenöl dazu und 30 Sek./Stufe 1/Linkslauf mischen.

2 Dann über die Zucchinischeiben geben und 1-2 h marinieren lassen.Brotscheiben toasten, Zucchini darauf verteilen und servieren.

CROSTINI MIT SPECKCREME

60 g	fetter Speck	½ Bund	Petersilie
2	Knoblauchzehen		
12	dünne Scheiben Weißbrot		

Rezept für 4 Personen, Zubereitungszeit 10 min., 230 kcal pro Portion

1 Speck, Knoblauch und Petersilie im Mixtopf 3 Min./Stufe 6 pürieren.

2 Brotscheiben toasten und mit der Speckcreme bestreichen. Heiß servieren.

Tomaten mit Minze

½	Zitrone	etwas	Salz und Pfeffer
½ Bund	Minze	6	Eiertomaten
4	Knoblauchzehen		
2 EL	Pinienkerne		
5 EL	Olivenöl		

Rezept für 4 Personen, Zubereitungszeit 45 min., 145 kcal pro Portion

1 Backofen auf 180 °C vorheizen. Zitronenschale hauchdünn abschneiden und mit Minze, Knoblauch und Pinienkernen im Mixtopf 10 Sek./Stufe 6 fein hacken.

2 Öl zugeben und mit Salz und Pfeffer abschmecken. Tomaten halbieren. Dann mit Schnittfläche nach oben nebeneinander in eine ofenfeste Form legen.

3 Minzmischung darauf verteilen und im Ofen bei 160 °C für 30 Min. backen. Aus dem Ofen nehmen und abkühlen lassen.

SALATSTREIFEN MIT SARDELLENSAUCE

1	Romana - oder Endiviensalat (klein)	4 EL	Olivenöl
8	Sardellenfilets in Öl	etwas	Salz und Pfeffer
2	Knoblauchzehen	150 g	Kirschtomaten
2 EL	Rotweinessig	½ Bund	Petersilie

Rezept für 4 Personen, Zubereitungszeit 20 min., 140 kcal pro Portion

1 Salat im Mixtopf 5 Sek./Stufe 3 in kleine Stücke schneiden. Dann in einer Schüssel mit kaltem Wasser 10 Min. ruhen lassen.

2 Sardellenfilets abtropfen lassen und mit dem Knoblauch im Mixtopf 10 Sek./Stufe 5 fein hacken. Essig, Öl und 1 EL Wasser dazu und 2 Min./Stufe 6 pürieren. Mit Salz und Pfeffer abschmecken.

3 Tomaten waschen und halbieren. Salatstreifen abtropfen lassen und mit den Tomaten und der Petersilie mischen. Soße unterrühren und servieren.

Nudeln in Tomaten-Speck-Sosse

100 g	Pancetta	1	getrockneter
1	Zwiebel		Peperoncino
400 g	Tomaten	etwas	Salz
2 EL	Olivenöl	400 g	Spaghetti
50 ml	trockener Weißwein	3-4 Stängel	Petersilie

Rezept für 4 Personen, Zubereitungszeit 25 min., 510 kcal pro Portion

1 Zwiebel schälen und im Mixtopf 10 Sek./Stufe 5 hacken. Tomaten überbrühen, häuten und mit dem Pancetta in den Mixtopf zu der Zwiebel geben. Alles 10 Sek./Stufe 5 zerkleinern.

2 Olivenöl in einem Topf erhitzen. Masse aus dem Mixtopf zugeben und 5 Min. andünsten. Wein zugeben. Peperoncino zerkrümeln und dazugeben, salzen und 10 Min. köcheln lassen.

3 Inzwischen Nudeln kochen. Petersilie im Mixtopf 8 Sek./Stufe 8 fein hacken. Nudeln abgießen. Sauce darüber und mit Pecorino bestreut servieren.

NUDELN MIT ZITRONENTOMATEN

500 g	Tomaten	¼ Bund	Rucola
1	große Zitrone	4 EL	Olivenöl
200 g	Ricotta (nicht zu salzig)	etwas	Pfeffer
etwas	Salz		
400 g	Tagliarini oder Linguine		

Rezept für 4 Personen, Zubereitungszeit 25 min., 560 kcal pro Portion

1 Tomaten überbrühen und häuten, dann in den Mixtopf. Zitronenschale abraspeln und auch dazu. Alles 15 Sek./Stufe 5 zerkleinern. Aus dem Mixtopf nehmen.

2 1/2 Zitrone auspressen. Den Ricotta salata von der Rinde befreien und in feine Streifen schneiden. Nudeln kochen. Rucola waschen und im Mixtopf 10 Sek./Stufe 5 fein hacken.

3 Öl in einer Pfanne erhitzen. Tomatenmasse darin 3-5 Min. braten. 1 EL Zitronensaft dazu und mit Salz und Pfeffer abschmecken. Nudeln abgießen und mit der Sauce und dem Rucola mischen. Mit Ricotta servieren.

Petersiliennudeln mit Käse

400 g	Dinkelbandnudeln	6 EL	Olivenöl
etwas	Salz	etwas	Pfeffer
1 Bund	Petersilie		
2	Knoblauchzehen		
100 g	Pecorino am Stück		

Rezept für 4 Personen, Zubereitungszeit 20 min., 580 kcal pro Portion

1 Nudeln kochen. Petersilie waschen und mit Knoblauch im Mixtopf 10 Sek./Stufe 5 fein hacken. Öl in Pfanne erhitzen und die Mischung 3-4 Min. braten.

2 Mit Pfeffer und Salz abschmecken. Pecorino in kleine Stücke brechen. Nudeln abgießen, mit der Sauce und dem Käse mischen und servieren.

RICOTTA-SCHOKOLADEN-CREME

1	Orange	250 g	Ricotta
2	Gewürznelken	etwas	Salz
1 Stk.	Zimstange	200 g	gemischte Beeren
100 g	Zucker	etwas	Puderzucker zum
100 g	Zartbitterschokolade		bestäuben

Rezept für 4 Personen, Zubereitungszeit 2h 30 min., 355 kcal pro Portion

1 Orangenschale hauchdünn abschneiden. Diese mit Zimt, Gewürznelken und Zucker in den Mixtopf geben. 150 ml Wasser dazu und bei 100 °C/Stufe 2/Linkslauf für 10 Min. zu einem Sirup einkochen, bis Flüssigkeit dickflüssig ist. Dann in eine Schüssel und abkühlen lassen. Schokolade im Wasserbad schmelzen lassen. Dann abkühlen lassen.

2 Zuckersirup sieben und wieder in den Mixtopf. Ricotta und eine Prise Salz dazu und auf Stufe 2/Linkslauf/1 Min. verrühren. Creme in eine Schüssel und 2 Stunden abkühlen lassen. Anschließend die Creme auf Teller verteilen und mit den Beeren etwas garnieren. Dann servieren.

SELLERIESALAT MIT BOTTARGA

4 Stangen	Staudensellerie	4 EL	Olivenöl
200 g	Gurke	etwas	Salz und Pfeffer
200 g	kleine Kirschtomaten	30 g	Bottarga
1 EL	Zitronensaft	½ Bund	Petersilie

Rezept für 4 Personen, Zubereitungszeit 20 min., 160 kcal pro Portion

1 Sellerie waschen und in kleine, dünne Scheiben schneiden. Selleriegrün im Mixtopf 15 Sek./Stufe 5 fein hacken. Aus dem Mixtopf nehmen. Gurke schälen und der Länge nach vierteln und quer in hauchfeine Scheiben schneiden. Kirschtomaten halbieren.

2 Zitronensaft, Olivenöl, Salz und Pfeffer im Mixtopf 30 Sek./ Stufe 6 cremig schlagen. Sellerie, Gurke und Tomate dazu und alles Stufe 1/Linkslauf verrühren. Auf die Teller verteilen und vom Bottarga einige Späne über den Salat hobeln. Petersilie im Mixtopf 5 Sek./Stufe 8 fein hacken und den Salat damit bestreuen.

Wurststücke in Rotwein

2-3	Bratwürste (ca. 250 g)	etwas	Pfeffer
2	Knoblauchzehen		
100 g	Trauben weiß oder rot		
80 ml	trockener Weißwein		

Rezept für 4 Personen, Zubereitungszeit 25 min., 215 kcal pro Portion

1 Wurst im Mixtopf 5 Sek./Stufe 2 zerkleinern. Dann in einer Pfanne anbraten. Knoblauch in den Mixtopf und 15 Sek./Stufe 5 fein hacken. Trauben waschen und halbieren.

2 Wenn die Bratwurst leicht braun ist den Knoblauch und die Trauben dazugeben. Alles 2-3 Min. braten. Wein angießen und verdampfen lassen. Mit Pfeffer würzen und servieren.

BANDNUDELN MIT MASCARPONE

1 Stängel	Borretsch	etwas	Salz und Pfeffer
1 Stängel	Minze	etwas	Muskatnuss
1 Stängel	Petersilie	400 g	Tagiatelle
etwas	Rucola (Handvoll)		
2	Eigelb		
50 g	geriebener Parmesan		

Rezept für 4 Personen, Zubereitungszeit 20 min., 730 kcal pro Portion

1 Kräuter und Rucola waschen und in den Mixtopf geben. Alles 10 Sek./Stufe 8 zerkleinern. Mascarpone, Eigelb und Parmesan dazu und alles mit Hilfe des Spatels 30 Sek./ Stufe 3 vermischen. Mit Salz, Pfeffer und Muskat abschmecken.

2 Die Nudeln nach Packungsanweisung kochen. Anschließend Nudeln abgießen und in eine Schüssel geben. Sauce darüber und verrühren, bis sich das Eigelb mit der Sauce etwas bindet. Dann servieren.

Schmale Nudeln in Pesto

1 Bund	Basilikum	etwas	Salz und Pfeffer
1	Knoblauchzehe (klein)	200 g	festkochende Kartoffeln
3 EL	Pinienkerne	200 g	zarte grüne Bohnen
70 ml	Olivenöl	250 g	Tomaten
1 EL	Pecorino (frisch gerieben)	400 g	Linguine

Rezept für 4 Personen, Zubereitungszeit 30 min., 575 kcal pro Portion

1 Basilikumblätter abzupfen. Zusammen mit Knoblauch, 2 EL Pinienkernen und 50 ml Öl im Mixtopf Stufe 5 solange mixen, bis die Masse die gewünschte, cremige Konsistenz hat.

2 Käse mit Hilfe des Spatels untermischen, mit Salz und Pfeffer abschmecken. Nudeln wie gewohnt im Salzwasser kochen. Anschließend abgießen und mit dem Pesto und den restlichen Pinienkernen servieren.

MINZ-OMELETT

2 Bund	Minze (frisch)	1 EL	Milch
6	Eier	etwas	Salz und Pfeffer
1 EL	Mehl	3 EL	Olivenöl

Rezept für 4 Personen, Zubereitungszeit 30 min., 125 kcal pro Portion

1 Minze waschen und Blätter abzupfen. Dann in den Mixtopf geben und 30 Sek./Stufe 5 zerkleinern. Anschließend Eier, Mehl und Milch zugeben und Stufe 5/Linkslauf vermischen, bis sich das Eiweiß mit dem Eigelb verbunden hat. Salz und Pfeffer dazu.

2 Öl in einer Pfanne erhitzen und die Eiermasse hineingießen. Bei schwacher Hitze 15 Min. stocken lassen. Omelett umdrehen und noch einmal bei mittlerer Hitze 5 Min. braten. Kurz ruhen lassen und dann servieren.